Ulrike Müßig, Maria Domes, Mirjam Domes

Das Puddinggeheimnis

Ein Mutmacherbuch

Literareon

Für Mirjam, Lena, Lejla und alle Flüchtlingskinder dieser Erde

☼ Es war einmal eine schöne und kluge Prinzessin. Sie hieß Blondetta und hatte prächtige blonde Haare, wie alle im Königreich ihres Vaters, das nur aus Vanillepudding bestand. Vanillepudding gab es jeden Tag zu essen: früh, mittags und abends. Nichts konnte die Vorliebe dafür in diesem kleinen Land trüben, nur die Schwester der Königin, so erzählte man sich, hätte anderes Essen verlangt. Was aus ihr geworden war, wusste keiner. Doch in Geschichten lebte sie als Hexe Schokomarmala mit roten Haaren und bräunlicher Haut, die Schokolade in Himbeermarmelade verwandeln konnte.

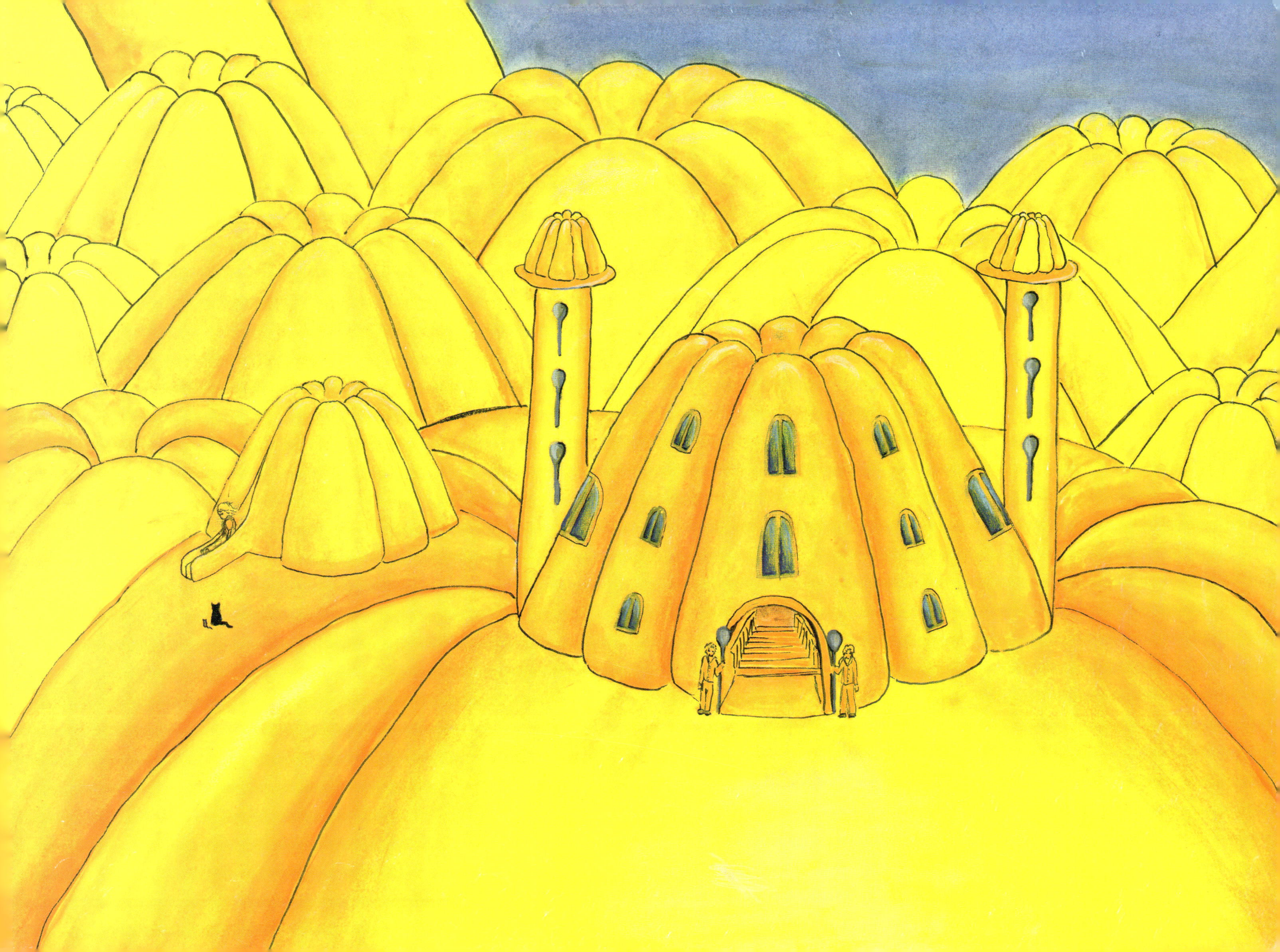

☀ Zu ihrem siebten Geburtstag bekam die Prinzessin ein großes Paket mit der Post. „An das Geburtstagskind", lautete die Anschrift. Mehr konnte ihre Mutter, die Königin Blondita, nicht lesen. Über dem Absender war ein großer Tintenfleck. Von wem war dieses Paket? Voller Erwartung riss Blondetta die Paketschnur herunter, das Packpapier auf, dann noch das Geschenkpapier.
„Sei doch vorsichtig", brummte ihr Vater, der König Blondonzo, liebevoll, doch weiter kam er gar nicht. Blondettas Augen blitzen vor Freude: So eine schöne Puppe hatte sie noch nie gesehen! Ihr Gesichtchen glühte vor Aufregung, als sie die neue Puppe an sich drückte: „Wie bist du schön! Du hast zwar rote Haare, aber ich finde dich herrlich. Weißt du was, du sollst Purpurina heißen!" Und die Prinzessin wirbelte mit Purpurina im ganzen Zimmer herum. Ihre Eltern schüttelten nur verwundert den Kopf.

Da platzte schon die Frage aus Blondetta heraus: „Mama, gibt es auch Menschen mit roten Haaren?"
„Ja, in einem anderen Land", antwortete die Königin.
„Sie essen nur Himbeermarmelade, und haben davon rote Haare."
„Und wie schmeckt Himbeermarmelade?", fragte Blondetta ihren Vater.
„Das weiß ich nicht", antwortete der König Blondonzo, „ich habe noch nie Himbeermarmelade gegessen, schließlich will ich doch nicht dumm und hässlich werden."
Am Abend nahm Blondetta ihre Purpurina mit ins Bett. Vor dem Einschlafen flüsterte sie ihr ins Ohr: „Sag mir: Wie schmeckt Himbeermarmelade?" Statt einer Antwort lächelte Purpurina bloß.

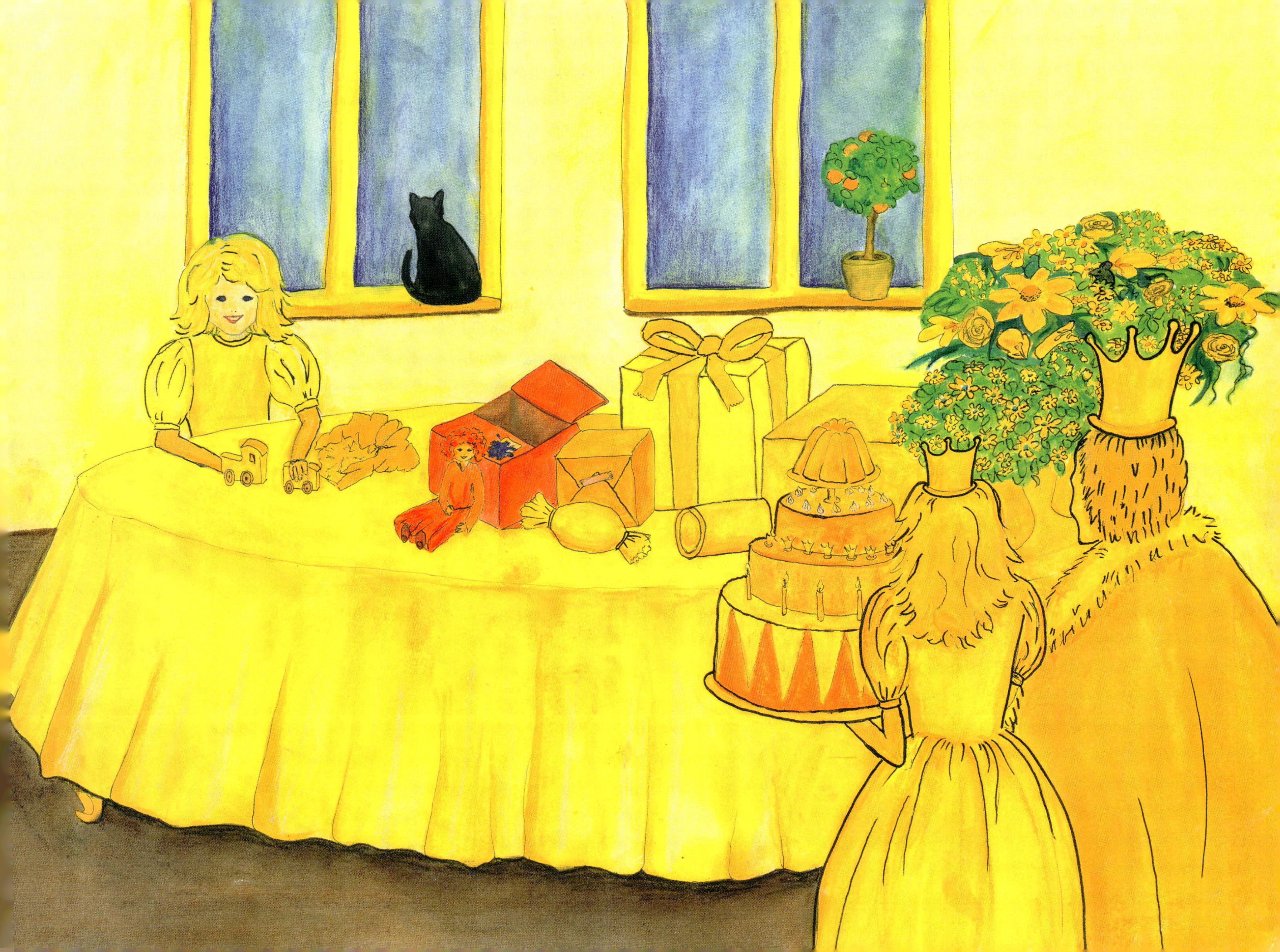

☀ Am nächsten Tag lief Blondetta mit ihrer Purpurina durch das ganze Schloss. Dabei kamen sie bis zur Türe des Dachbodens. Blondettas Herz hüpfte vor Aufregung. Hier war sie noch nie gewesen! Aber wenn man die beste Freundin dabei hat, kann man sich schon einmal besonders mutig fühlen! Und so drückte Blondetta ihre Purpurina fest an sich, flüsterte ihr etwas ins Ohr und öffnete dann mit pochendem Herzen die knarrende Tür zum Dachboden. Oh, wie dunkel es hier war! Da ertastete ihre Hand schon den Lichtschalter …

Uuiih, sah es hier abenteuerlich aus! Lauter Kisten, Schachteln und alte Bilder. Und dort in der Ecke stand sogar noch ihr Kinderwagen! Neugierig öffnete Blondetta eine Kiste. Oh, da lag ja noch eine Puppe! Fast so schön wie ihre Purpurina, nur hatte sie schokoladenfarbene, lange Locken.

„Du bist ja wunderschön!", entfuhr es Blondetta. „Willst du mit mir und Purpurina spielen?" Schon bald war sie sehr in ihr Spiel vertieft, und nur schweren Herzens legte Blondetta die gefundene Puppe später wieder in die Schachtel zurück. Niemand sollte davon wissen.

Puddingpulver
Christbaum-
kugeln
WERKTAGSKRONEN
Feiertagskronen
von Blondita
Baumkronen

Beim Abendessen fragte Blondetta ihre Mutter Blondita: „Mama, wie können Menschen mit roten Haaren dumm und hässlich sein? Wo ich doch so viel Spaß habe mit Purpurina und …" Gerade noch rechtzeitig gelang es Blondetta, sich einen Löffel Pudding in den Mund zu schieben, bevor sie sich verraten hätte. „Beim Spielen ist die Haarfarbe jedenfalls egal", brachte sie mit vollem Mund hervor, weshalb ihr Blondonzo einen strengen, tadelnden Blick zuwarf. Doch ihre Mutter machte plötzlich ein nachdenkliches Gesicht. Hatte sie nicht als kleines Mädchen von ihrer Schwester auch einmal eine Puppe geschenkt bekommen? Langsam fing sie an sich zu erinnern … Irgendwie war die besonders gewesen. „Hatte die nicht braune Haare gehabt, meine Schokolina?", fragte die Königin Blondita verträumt in die Runde. Der König verstand überhaupt nichts mehr, aber Blondetta musste aufpassen, sonst hätte sie sich an dem Pudding verschluckt. Verstohlen lächelte sie Purpurina an.

„Hast du früher auch mit Puppen gespielt?", versuchte sie möglichst harmlos ihre Mutter zu fragen. Die aber merkte nichts.

Plötzlich rief die Königin Blondita ganz begeistert: „Ja, braune Locken hat meine Schokolina gehabt! Na ja, wenn dir die Haarfarbe beim Spielen nichts ausmacht, dann könnte ich sie dir vom Dachboden holen. Was meinst du?" Blondetta nickte heftig und wurde ganz rot.

Nach dem Abendessen holte die Königin Schokolina tatsächlich vom Dachboden. Und so durften Schokolina und Purpurina mit Blondetta in ihrem Prinzessinnenbett schlafen.

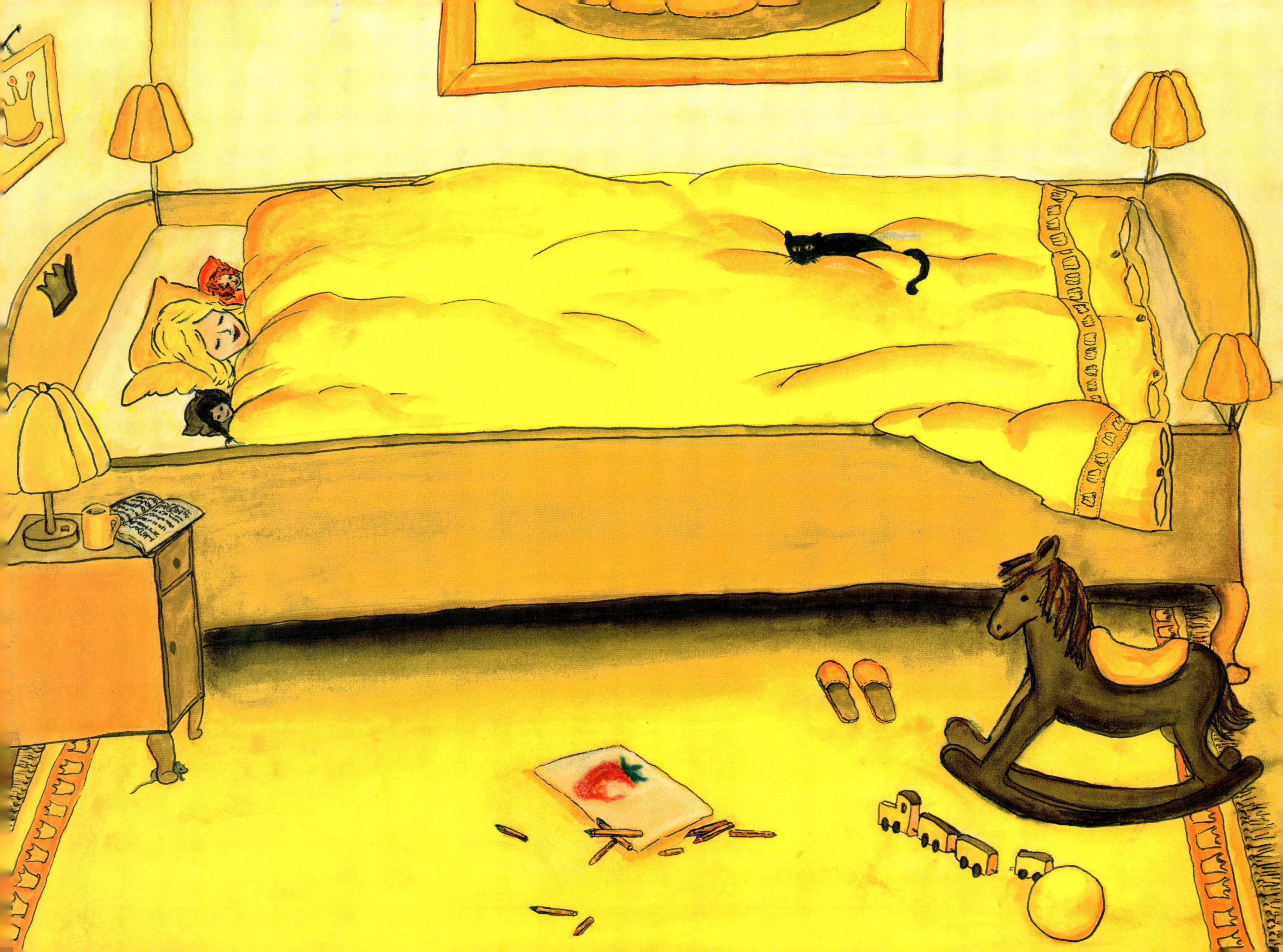

Am nächsten Nachmittag gingen die drei auf Entdeckungsreise. Blondetta zeigte Purpurina und Schokolina das ganze Schloss und den Garten. An der Laube ganz hinten im Garten blieb sie stehen. Müde ließ sie sich auf die Bank sinken, Purpurina im linken Arm und Schokolina im rechten.

„Hallo, hallo", riefen plötzlich zwei helle Kinderstimmen. Blondetta war sofort hellwach und schaute sich um. Da entdeckte sie zwei Mädchen, ungefähr in ihrem Alter. Das eine Mädchen hatte ein sehr schönes und kluges Gesicht und purpurrote Haare. Das andere Mädchen war fast noch schöner und hatte herrliche schokoladenbraune Haare.

„Wer seid ihr?", wollte Blondetta wissen. „Und warum schaut ihr so traurig aus?"

„Ich bin Prinzessin Purpuretta", sagte das Mädchen mit den purpurroten Haaren, „und das ist Prinzessin Schokoletta. Als ich in diesem schönen Garten ausruhen wollte, habe ich Schokoletta getroffen."

„Wir sind von zu Hause weggelaufen!", ergänzte Schokoletta traurig.

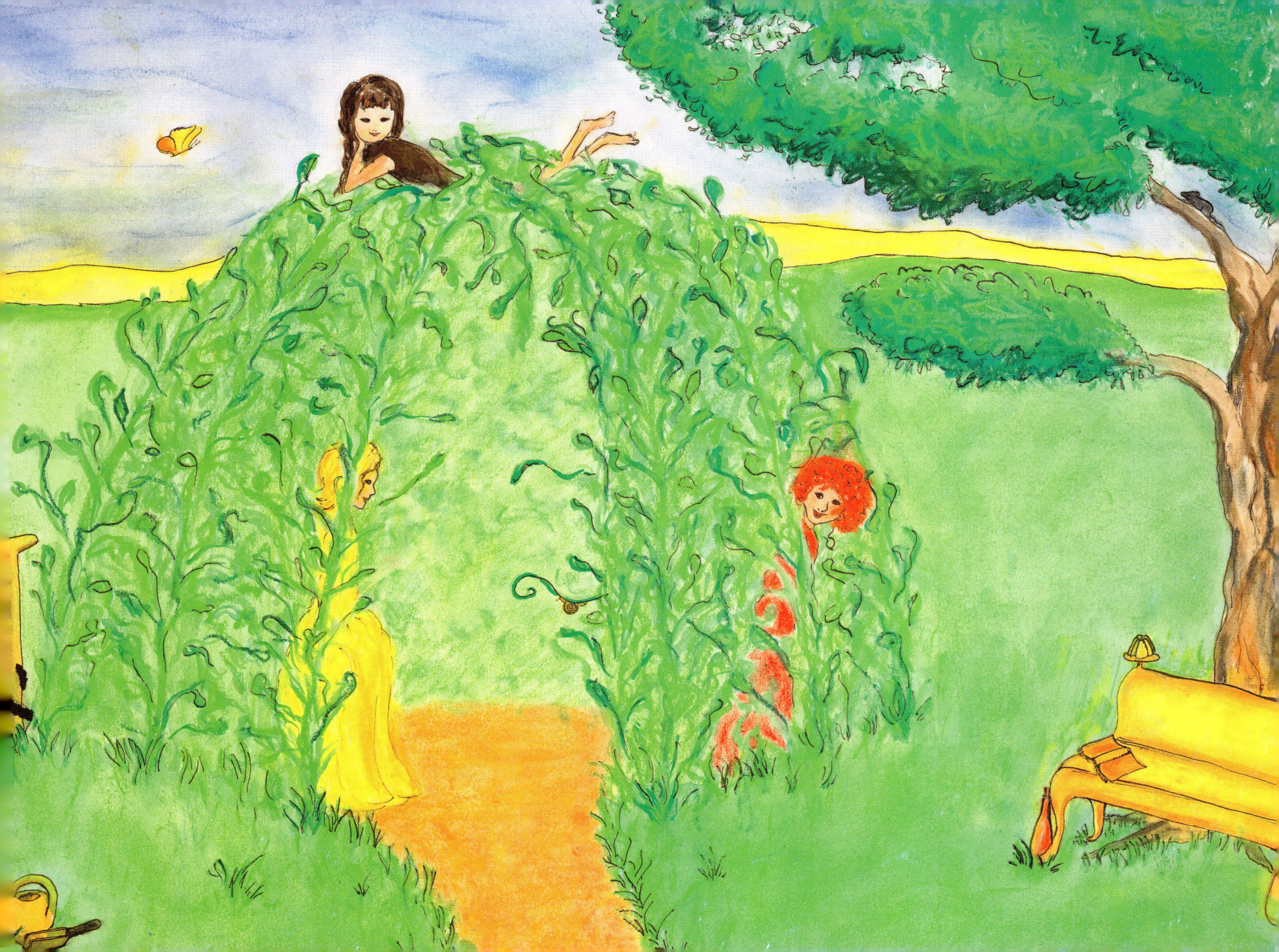

❋ „Mein Vater, der König Schokolonzo, will Krieg führen gegen Purpuronzo, Purpurettas Vater. Nur Schokoladeessen ist richtig. In Purpuronien gibt es aber Himbeermarmelade, und das will mein Vater beenden. Davon bekommt man nämlich ganz rote Haare und wird dumm und hässlich", konnte Schokoletta gerade noch erklären, bevor sie Purpuretta wütend unterbrach: „Wir in Purpuronien sind nicht dumm und hässlich! Himbeermarmelade macht klug und schön, nur von Schokolade oder von Vanillepudding wird man …"

Doch jetzt fiel ihr Blondetta ins Wort: „Irgendetwas kann hier nicht stimmen! Ich esse jeden Tag Vanillepudding und alle sagen, ich sei klug und schön."
„B-l-o-n-d-e-t-t-a", tönte es aus dem Schloss.
„Ich muss zum Abendessen", verabschiedete sich Blondetta, „wartet hier auf mich. Ich komme wieder, wenn alle im Schloss schlafen."

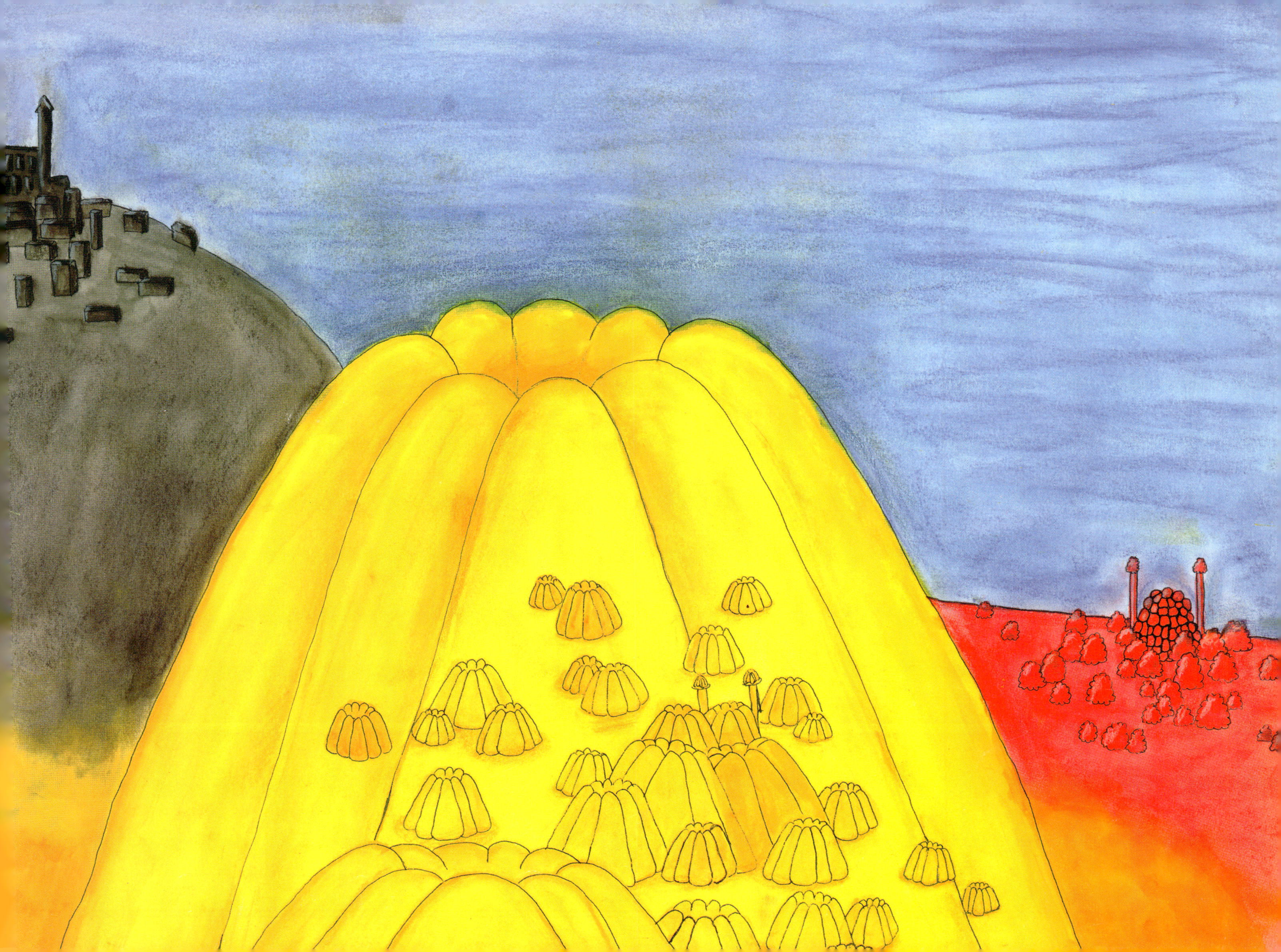

Die beiden anderen Prinzessinnen versteckten sich in der Gartenlaube. Purpuretta fürchtete sich ein bisschen vor Mäusen, und Schokoletta erschrak bei jedem Ruf des Käuzchens. Daher rückten sie ganz eng zusammen, und ihr Streit war schon bald vergessen.

Als es im Schloss ganz still geworden war und alle fest schliefen, schlich sich Blondetta in die Speisekammer. Dort nahm sie eine Schüssel Vanillepudding aus dem Regal. Unbemerkt lief sie damit zum Gartenhäuschen.

„Ich habe einen Plan!", erklärte sie den Prinzessinnen Purpuretta und Schokoletta. „Damit werde ich euch helfen und den Krieg in euren Ländern verhindern!"

„Was kann uns schon helfen?", fragten die Prinzessinnen ungläubig.

„Das werde ich euch jetzt gleich zeigen!", rief Blondetta und wandte sich an Schokoletta: „Hast du für mich ein Stück Schokolade? Ich möchte es probieren."

„Das darfst du nicht!", rief Prinzessin Purpuretta entsetzt. „Du wirst braune Haare bekommen und dumm und hässlich werden!"

Schokoletta warf Purpuretta einen wütenden Blick zu und holte aus ihrer Tasche ein Stück Schokolade hervor. Blondetta steckte es sich entschlossen in den Mund. Die beiden anderen starrten ängstlich auf ihre Haare. Doch Blondetta strahlte nur über das ganze Gesicht! Ihre Augen blitzen vor Freude, als sie Purpuretta um Himbeermarmelade bat. Genüsslich schleckte sie sich noch ihre Finger ab, als Schokoletta auch vorsichtig zu kosten begann. Ein bisschen ängstlich noch schob sich schließlich auch Purpuretta ein kleines Stückchen Schokolade in den Mund. Doch dann strahlte sie mit Blondetta und Schokoletta um die Wette. Begeistert fassten sie sich an den Händen und begannen um die Puddingschüssel herum zu tanzen. Und dann aßen sie gemeinsam das köstlichste Abendessen, das sie jemals gegessen hatten: Vanillepudding mit Himbeermarmelade und Schokolade.

Und alle Prinzessinnen hatten begriffen: NEUES KENNEN ZU LERNEN IST TOLL!

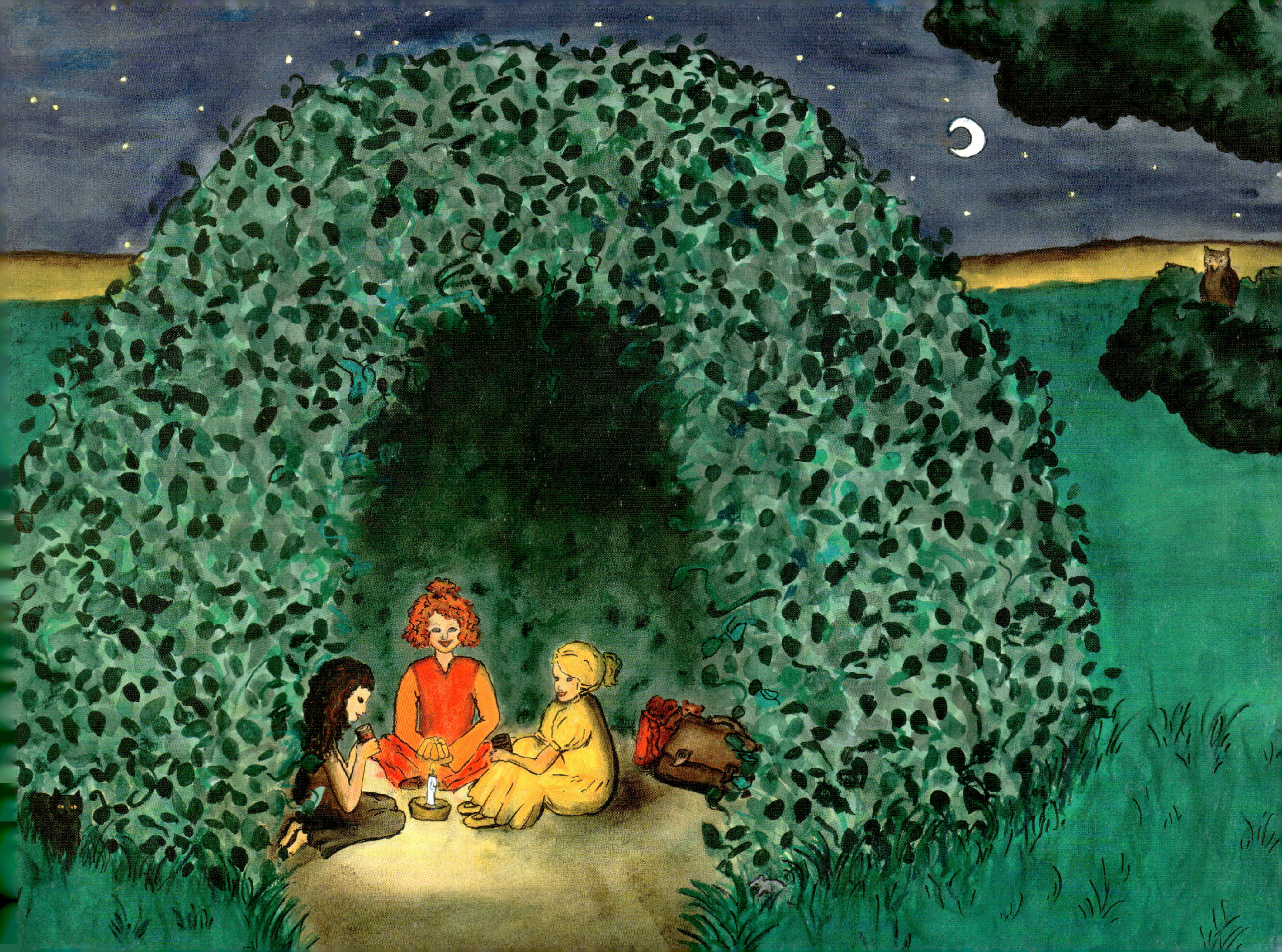

Plötzlich sprang Schokoletta auf. „Das muss ich meinem Vater erzählen! So können wir Schokolonien und Purpuronien retten!"

Die beiden anderen steckten ihr die Reste zu, die König Schokolonzo überzeugen sollten. Dann machten sich die Prinzessinnen auf den Heimweg, ohne dass die Dunkelheit ihrem neuen Mut noch etwas anhaben konnte.

Blondetta lief ins Schloss zurück. Sie schlüpfte zu ihren beiden Puppen unter die Bettdecke und flüsterte: „Ich weiß jetzt, wie Himbeermarmelade und Schokolade schmecken!"

Nach ein paar Tagen kam ein Mann mit schokoladenbraunen Haaren durch das Schlosstor geritten und verlas folgende Einladung, die später im ganzen Land bekannt gemacht wurde:

Ich, König Schokolonzo von Schokolonien, lade hiermit die ehrenwerte Prinzessin Blondetta mit ihren Eltern zu einem großen Freundschaftsfest ein. Meine Kutsche wird euch am nächsten Sonntag um 10 Uhr abholen und zu meinem Schloss bringen.

Blondettas Eltern stutzten, wollten ihre Tochter aber nicht enttäuschen, und nahmen die Einladung zögernd an.

Einladung

Ich, König Schokolonzo von Schokolonien, lade hiermit die ehrenwerte Prinzessin Blondetta mit ihren Eltern zu einem großen Freundschaftsfest ein. Meine Kutsche wird euch am nächsten Sonntag um 10 Uhr abholen und zu meinem Schloss bringen.

Am Sonntag fuhr eine herrliche Kutsche mit acht schokoladenbraunen Pferden vor und brachte die Prinzessin Blondetta mit ihren Eltern nach Schokolonien. Vor dem Schloss des Königs Schokolonzo warteten schon Schokoletta und Purpuretta und viele andere Menschen mit schokoladenbraunen, blonden oder purpurroten Haaren. „Eigentlich sind die Menschen hier ganz schön!", flüsterte die Königin Blondita und König Blondonzo brummte: „Dumm sehen sie eigentlich auch nicht aus."
Blondetta aber flog schon ihren Freundinnen entgegen.

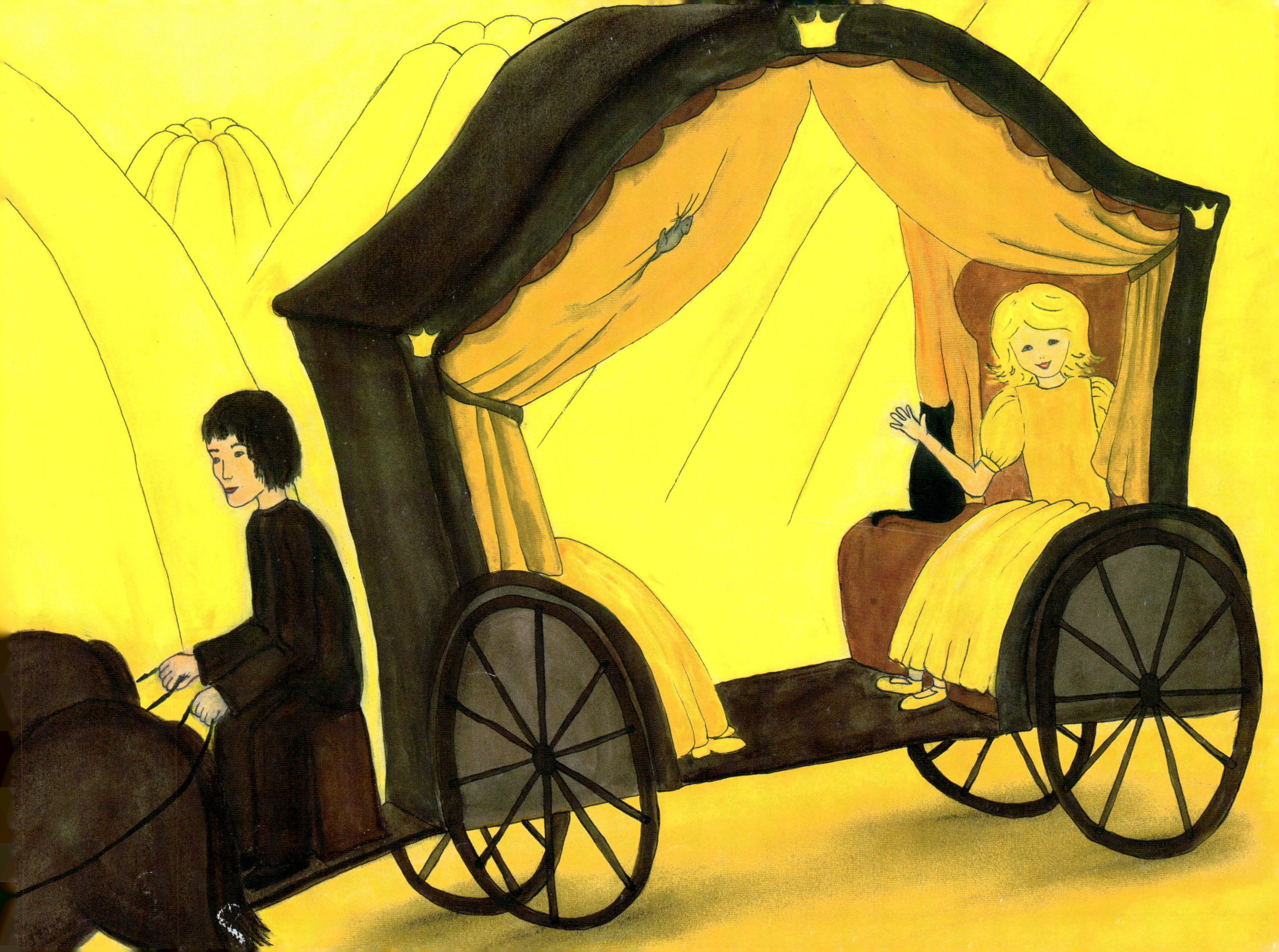

☀ Da erschien König Schokolonzo und holte die drei Prinzessinnen zu sich.

„Liebe Festgäste!", begann er seine Rede. „Wir feiern heute ein Fest zu Ehren dieser drei Prinzessinnen. Ihr Mut hat mich vor einer großen Dummheit bewahrt und uns alle hier zusammengebracht. Endlich kann ich Vanillepudding und Himbeermarmelade probieren, davon habe ich schon als kleiner Junge geträumt!" Er sprach noch von diesem und jenem, und am Ende seiner Rede holte der König Schokolonzo drei Kronen mit gelben, purpurroten und braunen Edelsteinen aus einer Schatulle und setzte sie den Prinzessinnen auf. Die Musikkapelle stimmte den Schokoladenwalzer an, und die Festgäste tanzten bis spät in die Nacht und freuten sich. Und das Festessen? Ihr habt es bestimmt schon erraten: Schokolade mit Vanillepudding und Himbeermarmelade.

Am meisten aber freute sich Schokomarmala, die sich unerkannt unter die Gäste gesellt hatte: Wie hatte sie gehofft, mit ihrem Geburtstagspaket Blondetta auf Anderes neugierig zu machen.

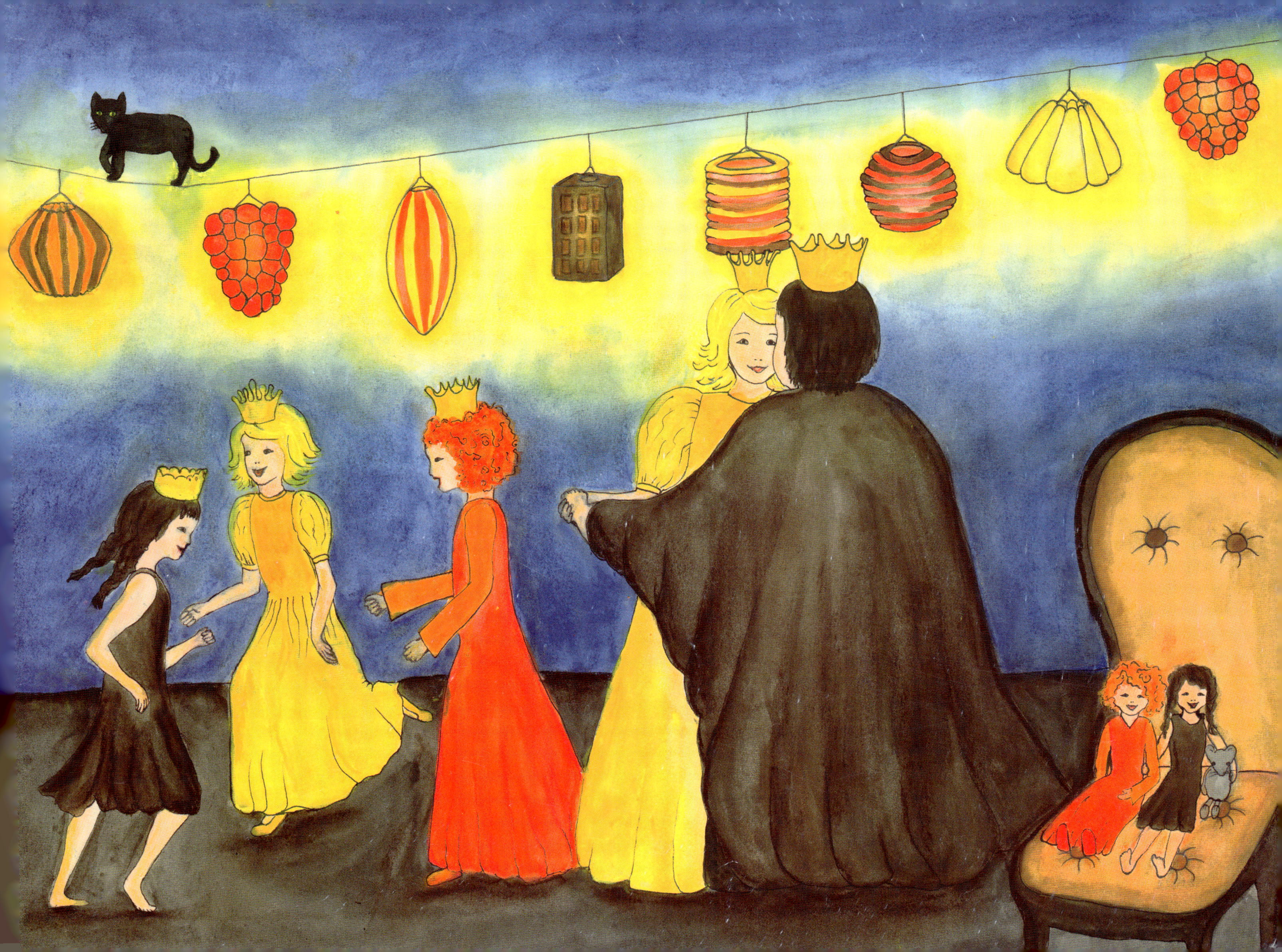

Der Schokoladenwalzer

(Text + Melodie: Maria Domes)

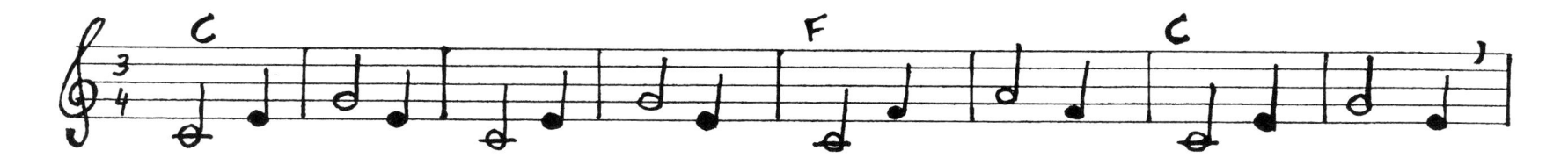

1. Schoko - lade ist was Feines, und wir glaubten: 's gibt nur eines.
2. Marme - lade " " doch wir " " "
(Va-) 3. -nille - pudding " " doch wir " " "
4. Schoko - lade " " und wir " " "

1.–4.: Schoko - lade ist was Feines,
1. und nur sie macht uns so klug.
2. " " " " und wir glaubten dem Be - trug. Va -
3. " " " " zu was andrem fehlt' der Mut.
4. " " " " doch was andres ist auch gut.

Die Autorinnen

Univ.-Prof. Dr. iur. *Ulrike Müßig* (geb. 1968) ist Familienmanagerin und Wissenschaftlerin aus Leidenschaft. Mit Kindern leben zu dürfen ist Erfüllung, die sie mit ihrem Mann teilt. Die alltägliche Entdeckungsfreude ihrer beiden Kinder hat für die Ausarbeitung des „Puddinggeheimnisses" den Ausschlag gegeben. Als Mutmacherbuch ist es eine Liebeserklärung nicht nur an „Prinzessinnen" und „Prinzen", sondern auch an deren Eltern, die möglicherweise abends Puddingreste abspülen, Schokoladenpapier wegräumen oder Marmeladenflecken aufwischen …

Dr. *Maria Domes* (geb. 1958) wuchs in Deggendorf auf und arbeitet als Allgemeinärztin in Passau. Als Kinderbuchautorin ist sie Anfängerin, dafür aber Expertin im Märchenvorlesen und im Zusammenleben mit Prinzessinnen. Mit Ehemann und ihren beiden Töchtern – blond und rothaarig – lebt sie in einem Dorf bei Passau und durfte für einige Jahre unter ihrem Dach eine dritte, aus Bosnien geflüchtete „Prinzessin" beherbergen.

Mirjam Domes wurde 1988 in Passau geboren. Noch in ihrer Schulzeit am dortigen musischen Gymnasium griff sie für das „Puddinggeheimnis" zu Pinsel und Malblock. Mit Begeisterung engagiert sie sich für Kinder und Jugendliche aus verschiedensten Ländern und Gesellschaftsschichten. Sie ist nicht nur die Illustratorin, sondern zusammen mit ihrer Schwester Lena und der Tochter einer befreundeten Flüchtlingsfamilie aus Bosnien auch Vorbild für die drei mutigen Prinzessinnen.

Bibliografische Information der Deutschen Nationalbibliothek:
Die Deutsche Nationalbibliothek verzeichnet diese Publikation in der
Deutschen Nationalbibliografie. Detaillierte bibliografische Daten sind
im Internet über http://dnb.d-nb.de abrufbar.

© 2008 Ulrike Müßig, Maria Domes, Mirjam Domes
Illustrationen: Mirjam Domes
Gestaltung und Satz: Martin Heise

Gedruckt mit Unterstützung der Ernst Pietsch-Stiftung

Druck: PBtisk s. r. o., Pribram
Literareon im Herbert Utz Verlag GmbH
Tel. 089 – 30 77 96 93 | www.literareon.de

ISBN 978-3-8316-1351-9